ZHONGXUE TIYU YU JIANKANG KECHENG JIAOFA ZHIDAO

中学体育与健康
课程教法指导

《中学体育与健康课程教法指导》编写组◎编著

安徽师范大学出版社

·芜湖·

图书在版编目(CIP)数据

中学体育与健康课程教法指导/《中学体育与健康课程教法指导》编写组编著.—芜湖:安徽师范大学出版社,2018.8

ISBN 978-7-5676-3542-5

Ⅰ.①中… Ⅱ.①中… Ⅲ.①体育课-中学-教学参考资料 ②健康教育-中学-教学参考资料 Ⅳ.①G633.963

中国版本图书馆CIP数据核字(2018)第094455号

中学体育与健康课程教法指导

《中学体育与健康课程教法指导》编写组　编著

责任编辑:王一澜

装帧设计:陈　爽

出版发行:安徽师范大学出版社

芜湖市九华南路189号安徽师范大学花津校区　邮政编码:241002

网　　址:http://www.ahnupress.com/

发 行 部:0553-3883578　5910327　5910310(传真) E-mail:asdcbsfxb@126.com

印　　刷:江苏凤凰数码印务有限公司

版　　次:2018年8月第1版

印　　次:2018年8月第1次印刷

规　　格:700 mm × 1000 mm　1/16

印　　张:19.75

字　　数:476千字

书　　号:ISBN 978-7-5676-3542-5

定　　价:61.50元

前　言

《教育部关于加强师范生教育实践的意见》《教师教育振兴行动计划（2018—2022年）》和《普通高等学校师范类专业认证实施办法（暂行）》等文件，为新时代体育教育专业本科人才培养提供了理论依据和行动指南。为贯彻落实文件精神，适应中学体育教学的改革与发展，提高高等学校体育教育专业本科人才的培养质量，安徽师范大学体育学院决定将“中学体育教材教法”列为新一轮修订的体育教育专业人才培养方案的核心课程，成立教材编写组，寄望以此课程教学改革为突破口，推动体育教育学生专业教学实践能力的提升。

《中学体育与健康课程教法指导》是依据国家对中学体育工作的政策和法规，针对中学体育教学的特点而编写的。教材的编写以教学和课程论的学科理论为指导，注重在开展中学体育教学实践和广泛调研的基础上，把握中学体育教学实际，吸收和借鉴国内相关教材编写经验，以总结中学体育教学的基本方法和规律。教材以中学“体育与健康”课程标准为指导，梳理初中和高中版《体育与健康》教材中田径、体操、健美操、球类和武术等内容，共七章四十四节，每节体例包括教学目标，技术动作要点，技术重点和难点，教与学的方法，易犯错误与纠正方法，教学要求与建议，等等。

本书编写组成员有金涛、方敏、魏本好、郝利玲、崇玉萍、石旅、鲁兵、赵德云、蒋莹，方敏负责统稿和定稿，金涛负责审定。编写组成员均为从事体育教学工作多年的一线教师，编写教材立足于教学实践，并在编写完成后，以讲义形式授课三轮，在教学实践中不断总结、反思，修改完善书稿，力求体现针对性强、通俗性强和实用性强的特点。

本书既可作为普通高等院校体育教育专业教材，便于教师讲授和学生熟悉或掌握中学体育教学的内容和方法，又可作为中学体育教师资格证考试和教师职业考编的辅助参考书目，能够满足不同读者群体的需要。

我们在编写过程中，邀请了多位中学体育教师和教研员对本书提出建议和意见，在此致以衷心的感谢。由于水平有限，我们对中学体育教材内容和教法的把握尚欠周详，难免存在一些值得商榷和探究的内容，恳请同行和读者批评指正。

本书编写组

目　录

第一章　田径教学指导 ……………………………………………………………1
第一节　短跑 …………………………………………………………………1
第二节　跨栏跑 ………………………………………………………………9
第三节　中长距离跑……………………………………………………………15
第四节　接力跑…………………………………………………………………18
第五节　障碍跑…………………………………………………………………22
第六节　跨越式跳高……………………………………………………………28
第七节　背越式跳高……………………………………………………………31
第八节　跳远（蹲踞式、挺身式）……………………………………………35
第九节　原地正面双手掷实心球………………………………………………40
第十节　原地掷铅球……………………………………………………………44
第十一节　侧向滑步和背向滑步掷铅球………………………………………48
第十二节　跑的身体练习………………………………………………………52
第十三节　跳的身体练习………………………………………………………55
第十四节　投的身体练习………………………………………………………58
第十五节　负重身体练习………………………………………………………59
第十六节　攀爬身体练习………………………………………………………63

第二章　体操教学指导……………………………………………………………65
第一节　队列队形………………………………………………………………65
第二节　徒手体操………………………………………………………………83
第三节　轻器械体操……………………………………………………………88
第四节　技巧……………………………………………………………………92
第五节　支撑跳跃 ……………………………………………………………101
第六节　器械体操 ……………………………………………………………105

第三章　健美操教学指导 ………………………………………………………120
第一节　健美操基本动作 ……………………………………………………120
第二节　健美操组合 …………………………………………………………143

第三节 有氧搏击操 ……161

第四章 篮球教学 ……169
第一节 基本技术 ……169
第二节 基本战术 ……184

第五章 排球教学指导 ……193
第一节 基本技术 ……193
第二节 基本战术 ……204

第六章 足球教学指导 ……207
第一节 踢球技术 ……207
第二节 接球技术 ……212
第三节 运球技术 ……217
第四节 头顶球技术 ……221
第五节 掷界外球技术 ……226
第六节 抢截球技术 ……229
第七节 守门员技术 ……232
第八节 个人进攻战术 ……236
第九节 个人防守战术 ……241
第十节 局部攻守战术 ……243
第十一节 整体攻守战术 ……247

第七章 武术教学指导 ……251
第一节 武术基本技术 ……251
第二节 拳术技术 ……268
第三节 武术器械技术 ……271
第四节 对抗技术 ……278

附 录 ……289
案例一 健美操基本步伐学习课教学设计 ……289
案例二 有氧搏击操组合课教学设计 ……295
案例三 篮球原地单手肩上投篮（第一次课）教学设计 ……301
案例四 篮球快攻战术——“三攻二”教学设计 ……306

第一章　田径教学指导

第一节　短跑

400米及400米以下距离段落的跑称为短距离跑，又称短跑。短距离跑采用蹲踞式起跑，必须使用起跑器。

短距离跑一般可以将其划分为起跑、起跑后的加速跑、途中跑、弯道跑和终点跑五个阶段。

一、教学目标

（1）发展学生快速力量和快速跑的能力。

（2）增强学生体质，增进学生健康。

（3）提高学生参加短跑锻炼的兴趣。

（4）提高学生养成短距离跑的健身意识和形成良好的健身习惯。

二、技术动作要点和重点、难点

（一）技术动作要点

1.起跑

（1）起跑器安装。

①有“接近式”“普通式”和“拉长式”三种，常使用的是“普通式”安装方法。②起跑器位于自己分道的正中，前后两抵趾板方向与跑进方向一致，两抵趾板的水平间距为15～20厘米。③一般前一抵趾板离起跑线后沿一脚半距离，后一抵趾板离前一抵趾板一脚半距离。④前一抵趾板的板面与地面成40°～45°，后一抵趾板的板面与地面成70°～80°。

（2）起跑的三个环节：“各就位”“预备”和“鸣枪”。

①听到“各就位”口令后，轻快地走到起跑器前，双手扶在起跑线前面的地面上，依次将脚蹬在前后起跑器的板面上，并向后用力试之。②后腿膝关节跪地，上体抬起并收回双手，用1～2次深呼吸稍作调整放松。③双手四指并拢，大拇指与四指成“八字形”放在起跑线后沿后，间距与肩同宽或稍宽于肩，直臂支撑地面。④听到“预备”口

令后，臀部逐渐抬起并伴随着身体重心的适当前移，臀部抬起至稍高于肩处，稳定身体的同时视线注视起跑线前面2.5米左右的地面。⑤当听到“鸣枪”或起跑信号后，两腿快速用力，迅速蹬离起跑器。

2.起跑后的加速跑

（1）蹬离起跑器的同时，身体重心快速前移并快速有力摆动双臂和腿。

（2）前两三步要求摆动腿积极前迈后，脚掌积极着地，踝关节可以不缓冲，脚落地在重心投影点稍后，直接进入积极后蹬。第一步一般为3.5～4个脚掌距离，以后每步增加半个脚掌左右，3～5步后两脚的内侧在一条直线上。

（3）随后，上体和重心逐渐抬起，摆动幅度逐渐增大，大腿逐渐高抬，步幅逐渐增大，跑30米左右后，身体姿势接近途中跑的姿势。

（4）在跑进到25米左右做两三步惯性跑，以调节和放松身体，然后继续用力。

3.途中跑

（1）腿的着地缓冲与异侧腿的后摆。

①大腿积极下压，身体重心保持较高，前脚掌滚动着地。②后腿同时继续充分折叠向前摆动。③在垂直支撑部位，大小腿折叠最充分。

（2）腿的后蹬与异侧腿的前摆。

①当重心移过支撑点上方后，开始后蹬，蹬伸有力、幅度大，蹬伸充分（后蹬结束时，煤渣跑道后蹬角度在165°左右，塑胶跑道后蹬角度在155°左右）。②同时摆动腿至与地面垂直后，伴随着送髋继续向前上方摆动，摆动结束时大腿与水平方向成15°～20°。

（3）腾空。

①当后蹬结束脚离开地面瞬间进入腾空，此时摆动腿的髋部继续前送，大腿积极下压，小腿顺惯性向前下方自然逐渐打开，脚做滚动落地动作。②同时，后蹬腿蹬地结束后，积极向前摆动，边摆动边折叠，折叠充分。

（4）摆臂。

跑的过程中蹬摆协调，摆臂积极有力，幅度较大，并伴随着肩的适度前送与后引，向前摆动，大小臂的角度小于90°，并稍向内不超过身体中线，垂直部位在90°左右，向后摆动大于90°并稍外展。摆臂自然，方向与跑进方向基本一致。

（5）头与上体。

①上体直立稍前倾（8°～12°）。②头正颈直（与身体保持一致），眼睛平视前方。

4.弯道跑

（1）跑进时尽量靠近自己分道的内侧（左侧）。

（2）根据跑进速度，身体保持适度内倾：半径相同时，速度越快内倾越大；速度相等时，半径越小内倾越大。

（3）内侧腿、臂摆动向前稍向外展，外侧腿、臂摆动向前稍向内。

（4）脚着地主要部位是左脚前脚掌外侧、右脚前脚掌内侧，左脚向前稍外展，右脚向前稍内扣。

（5）身体重心偏向左侧，左侧支撑力度大，右侧支撑力度小。
（6）左侧动作幅度小，右侧动作幅度大。
（7）动作放松、自然。
5.终点跑
（1）距离为最后20米左右。
（2）稍增大身体前倾。
（3）积极摆臂并加大幅度和用力。
（4）最后一两米，身体急速向前，用胸或单肩撞线。

（二）技术动作重点、难点

（1）重点：途中跑技术，距离最长、跑速最快，对成绩影响最大。
（2）难点：起跑和起跑后的加速跑技术是短距离跑的技术难点。

三、教与学的方法

（一）起跑

（1）教师示范讲解起跑器的安装、起跑要领及要求。
（2）学生分组轮换安装起跑器，教师指导。
（3）学生利用起跑器体会“各就位”“预备”动作要领。
（4）学生相互指导练习。
（5）教师或学生喊口令，学生分组轮换练习。

（二）起跑后的加速跑

（1）教师示范讲解加速跑技术要领和要求。
（2）学生进行原地或行进间摆臂、快速摆臂练习。
（3）学生进行原地或行进间小步跑练习。
（4）学生站立式起跑加速跑15～30米。
（5）变向加速跑。
（6）学生使用起跑器起跑后加速跑25～30米。
（7）下坡跑练习（体会放松状态下加速）。
（8）学生使用起跑器在老师或同伴口令指挥下进行起跑加速跑30米左右。
（9）发令或听信号进行起跑、加速跑技术练习。

（三）途中跑

（1）教师示范讲解途中跑技术要领和要求。
（2）原地、扶墙或行进间高抬腿技术练习。
（3）原地或行进间车轮跑。
（4）后蹬跑。
（5）30～60米反复大步跑。
（6）弹性跑。
（7）高抬大腿跑。

（8）放松50~70米大步跑。

（9）上坡跑（坡度5°左右）。

（10）变速跑，波浪跑。

（11）直道进入弯道跑。

（12）弯道进入直道跑。

（13）弓箭步走。

（四）弯道跑

（1）弯道起跑器的安装和起跑练习。

①教师示范讲解弯道起跑器安装、起跑与直道的不同及要求。②学生进行安装起跑器练习。③学生使用起跑器进行弯道起跑练习。

（2）弯道跑。

①教师讲解弯道跑的技术要领及要求。②不同半径半圆或圆圈的走—跑结合练习。③不同半径半圆或圆圈的跑—走结合练习。④沿不同半径的半圆或圆慢速跑、中速跑、快速跑。⑤弯道30~80米放松跑、放松大步跑、快速跑。⑥直道进入弯道跑。⑦弯道进入直道跑。⑧弯道进入直道、直道进入弯道的分组竞赛跑。⑨蹲踞式起跑接弯道加速跑。

（五）终点跑

（1）教师示范讲解终点跑、冲刺技术要领和要求。

（2）慢跑做单肩或胸部撞线技术练习。

（3）中速跑做单肩或胸部撞线技术练习。

（4）快速跑30~40米直接跑过终点线（不做冲刺动作）。

（5）快速跑30~40米做单肩或胸部撞线技术练习。

（6）让距跑做单肩或胸部撞线技术练习（根据学生之间的速度差）。

（7）等距跑做单肩或胸部撞线技术练习。

四、易犯错误与纠正方法

（一）起跑易犯错误与纠正方法

易犯错误一：起跑后腿用不上力。

纠正方法：①教师讲解错误原因（前后起跑器间距大，脚掌接触起跑器板面不紧，重心前移幅度过大，后腿伸展过直，臀部抬起过高）。②教师或同伴在前面顶住练习者双肩的抗阻力性蹬伸起跑练习。③练习者把橡皮带斜挎肩上或挎于腰间，老师或同伴在其身后适度用力拉着进行起跑蹬伸练习。

易犯错误二：预备后弓腰、身体重心偏后。

纠正方法：①教师讲解错误原因（后腿过于伸直，身体重心不敢前移，手臂支撑力量差，起跑器安装比较近）。②练习者在教师的指导和帮助下反复做“各就位”“预备”腰部伸展，重心适度前移练习。③必要时，练习者进行上肢和手指力量练习。

易犯错误三：起跑时双臂同时后摆。

纠正方法：①教师讲解错误原因（协调性差）。②练习者原地小步跑，做协调摆臂动作技术练习。③练习者做站立式起跑摆臂与下肢协调配合练习。④练习者蹲踞式（不使用起跑器）起跑迈一步或数步上下肢协调配合练习。⑤练习者使用起跑器做蹲踞式起跑，上下肢配合练习。

易犯错误四：先抬起身体再用力跑进。

纠正方法：①教师讲解错误原因（担心跌倒，手指、手臂力量差）。②教师或同伴在前面顶住练习者双肩，做抗阻力性起跑练习。③练习者把橡皮带斜挎肩上或挎于腰间，老师或同伴在其身后拉着进行起跑练习（注意间距、拉力，做到因人而异）。④在起跑线前5～10米处横跨跑道拉适当高度绳、橡皮筋或架标志杆，练习者起跑后从下面跑过。⑤加强手臂、手指力量练习。

（二）起跑后的加速跑易犯错误与纠正方法

易犯错误一：起跑迈步过大，重心过早抬起。

纠正方法：①教师讲解错误原因（手指、手臂力量差，担心跌倒，蹬摆不积极）。②练习者原地做快速摆臂练习。③练习者做高频率摆臂跑。④老师或同伴双手顶住练习者双肩，练习者身体前倾做高频率小步跑或加速跑练习。⑤练习者肩部斜挎或腰挎绳或橡皮带，同伴在后适当距离拉着，练习者做前倾高频率小步跑。⑥练习者脚踩地上的标记高频率跑。⑦教师在起跑线前5～10米处横跨跑道拉适当高度绳、橡皮带或架适当高度标志杆，练习者从下面跑过。⑧练习者加强手指、手臂力量训练。

易犯错误二：直线性差。

纠正方法：①教师讲解错误原因（腰部力量差，摆腿、摆臂技术不正确，外八字跑）。②练习者双脚踩直线跑。③练习者眼睛盯着远方的目标跑进。④练习者做加强腰部力量练习。⑤练习者做加强摆腿和摆臂正确技术的练习。

易犯错误三：起跑摆臂、摆腿幅度大。

纠正方法：①教师讲解错误原因（忽视重心快速前移和高频率节奏，用力差且爆发力差，起跑抬腿高，开始时的2～3步摆腿折叠紧）。②练习者做原地小幅度高频率摆臂练习。③练习者做原地高频率小步跑、摆臂配合练习。④练习者做各种形式的高频率小步跑练习。

易犯错误四：向前性差。

纠正方法：①教师讲解错误原因。②练习者做前倾跑练习。③练习者肩斜挎、腰挎绳或橡皮带，进行较大前倾阻力跑。④练习者负绳索拖拉汽车轮胎前倾跑。⑤练习者做下坡跑。

易犯错误五：加速跑低头跑进。

纠正方法：①教师讲解错误原因（技术不熟练，协调性差）。②练习者做慢速度的放松加速跑练习。③练习者目视较远处，做跑进练习。④练习者做各种协调和放松技术练习。

（三）途中跑易犯错误与纠正方法

易犯错误一：坐着跑。

纠正方法：①教师讲解错误原因（上体姿势不正确，后蹬力量差，髋关节灵活性差，用力顺序不正确）。②练习者做原地技术练习或行进间技术练习。③练习者做跳跃练习、跳深练习。④练习者做跳台阶练习。⑤练习者负杠铃做下肢力量练习。⑥练习者做正、侧、后压腿练习。⑦练习者做各种踢腿，前、后、左、右摆腿及有助力的压腿练习。⑧练习者做短跑专门性练习（后蹬跑、高抬腿）。⑨练习者做放松折叠摆腿，慢、中等速度跑的练习。

易犯错误二：摆动腿前摆低、抛小腿。

纠正方法：①教师讲解错误原因（髋关节柔韧性差，摆动折叠不紧、不放松，向前甩或抛小腿，髂腰肌力量差）。②练习者做正、侧、后压腿及各种踢腿练习。③练习者做前、后、左、右摆腿练习。④练习者做有助力或有阻力的压腿练习。⑤练习者原地扶肋木，做异侧腿以髋关节为轴的放松摆动折叠小腿技术动作练习。⑥练习者放松折叠腿走，中速折叠腿跑。⑦练习者快速摆动腿，顺势做折叠小腿练习。⑧练习者做放松动作的各种大小腿折叠练习。⑨练习者原地高抬腿后，做伸展髋关节下压大腿的练习和放松膝关节做脚的滚扒练习。⑩练习者做后蹬跑、高抬腿跑、放松高抬腿大步跑的练习。⑪练习者做仰卧举腿或仰卧举腿对抗同伴双手阻力下落的练习。⑫练习者做负重仰卧举腿练习。⑬练习者做仰卧单脚踝关节、负橡皮带做连续抬腿练习，连续抱膝跳练习。⑭练习者做仰卧车轮跑练习。

易犯错误三：后蹬不充分。

纠正方法：①教师讲解错误原因（蹬伸不充分，腿部力量差，髋部柔韧性差）。②练习者做正确技术的后蹬跑、原地或行进间高抬腿、正压腿等练习。③练习者做各种跳跃、跳深、跳台阶、借助负重的下肢力量练习。④练习者进行正、侧、后压腿，前、后、左、右的摆腿，纵、横叉等练习。⑤练习者原地做大幅度交换腿跳或负轻负荷的大幅度弓箭步交换腿跳等练习。

易犯错误四：摆动腿折叠不紧。

纠正方法：①教师讲解错误原因（动作技术错误，动作紧张，放松能力差，摆动腿脚急于着地）。②练习者侧对肋木站立，肋木同侧手扶肋木，同侧腿直立支撑，异侧腿以髋为轴由后向前上快速抬摆，小腿、膝关节放松做顺势折叠。③练习者背对肋木，一腿支撑，另一腿后举放置在适合自己高度的肋木上，两手反握肋木，保持上体正直，臀部向放置在肋木上的脚靠拢直至碰到脚后跟为止。④练习者面对肋木，一腿支撑，支撑腿同侧手握住肋木，另一腿大小腿折叠，同侧手握住踝关节往后上拉，使大腿向后上伸展（尽量保持髋部直立）。⑤练习者侧对肋木，内侧手扶肋木，同侧腿直立支撑，外侧手抓住外侧脚的踝部，大小腿保持充分折叠状态，做以髋关节为轴的大腿前后摆动练习。⑥练习者做行进间折叠高抬腿练习。⑦练习者做中速放松折叠腿跑练习。

易犯错误五：着地缓冲滚动差。

纠正方法：①教师讲解错误原因（动作紧张，全脚掌着地，抛小腿落地点远，跑步重心低）。②练习者做各种增强放松和协调能力的练习。③练习者反复进行动作技术练习。④练习者用前脚掌做滚动走步练习。⑤练习者放松小步跑，体会脚掌滚动技术练习。⑥练习者做车轮跑。⑦练习者仰卧双腿上举双臂肘关节撑地，双手撑腰，臀部抬起做肩肘倒立状，双腿做大幅度的走步结合前脚掌滚动练习。⑧练习者做放松折叠小腿的高抬腿练习。⑨练习者做后蹬跑技术练习。⑩练习者做中速跑脚的落点靠近重心投影点（大腿高抬）练习。⑪练习者做有弹性的小步幅跑练习。⑫练习者做原地或行进间高重心、大步走练习。⑬练习者做高重心、高抬大腿后快速下压大腿跑练习。⑭练习者做加强腿部、腰部力量练习。

易犯错误六：途中跑过分紧张。

纠正方法：①教师讲解错误原因（技术不熟练，放松和协调能力差）。②练习者反复做轻快地放松跑技术练习。③练习者反复做放松大步跑练习。④练习者做惯性跑、下坡跑、波浪跑的练习。⑤练习者做各种协调性、柔韧性的练习。

易犯错误七：挺腹跑。

纠正方法：①教师讲解错误原因（动作紧张，腰腹肌力量差）。②练习者做小步跑、高抬腿跑、后蹬跑专门练习。③练习者做各种慢速到中速的放松跑练习。④练习者做各种增强腰腹肌的力量练习。

易犯错误八：跑直线性差。

纠正方法：①教师讲解错误原因（两腿左右分离较大，身体左右摇摆，脚呈外八字）。②练习者做原地或行进间靠近双腿的高抬腿练习。③练习者做靠近两腿的后蹬跑。④练习者以慢速、中速在直线上做跑进练习。⑤练习者做各种慢速、中速的立腰固定躯干的跑进练习。

易犯错误九：跑动中小腿后抛过高。

纠正方法：①教师讲解错误原因（技术不正确，蹬扒过程中扒地幅度过大，后蹬腿屈髋）。②练习者做小步跑、后蹬跑、高抬腿等专门性技术练习。③练习者做摆动腿练习：双手直臂扶肋木或墙体支撑，身体直体倾斜，一腿微屈支撑，练习腿大腿稍后展小腿放松，在支撑腿快速蹬伸同时摆动腿。腿以髋为轴并伴随髋部送向前方，快速摆送大腿，摆动腿小腿顺势快速折叠，同时身体重心适当前移。动作结束时身体向前上方伸展，成大幅度弓步状，摆动腿小腿自然下垂。然后大腿下压后展，小腿放松，脚掌做滚动技术，同时伴随着重心回位。反复练习，体会顺势折叠技术。

（四）弯道起跑和弯道跑易犯错误与纠正方法

易犯错误一：外侧起跑器越过外侧分道线或手越过起跑线。

纠正方法：①教师讲解错误原因（不熟悉或不了解规则，采用起跑器起跑练习较少）。②教师反复指导学生进行起跑器的正确安装、使用练习。③学生相互指导进行练习。

易犯错误二：起跑加速跑直线性差。

纠正方法：①教师讲解错误原因（起跑器安装靠跑道中间或与起跑线平行；经验不足，起跑后就跑向跑道内侧；低头或抬头不看跑道跑进）。②练习者以站立式起跑，直线向内侧分道线外20厘米处的切线方向做跑进练习。③练习者在跑进的大致切点处放置标记，练习者以站立式或蹲踞式起跑后向标记做跑进练习。④练习者以慢速、中速起跑后，视线逐渐抬起至平视跑进练习，开始起跑时余光要注视跑进方向。

易犯错误三：弯道跑身体过正，内倾小。

纠正方法：①教师讲解错误原因（弯道跑技术差，不会利用身体内倾克服离心力）。②练习者跑不同半径的圆圈体会身体内倾。③练习者以不同速度跑相同半径圆圈，体会身体内倾。④练习者按照同一方向进行“S”路线跑。

易犯错误四：弯道跑身体向右侧身跑。

纠正方法：①教师讲解错误原因（技术不正确；右腿和手臂力量弱，摆动幅度小）。②练习者做加大右侧摆腿和不同速度摆臂的圆圈跑。③练习者做不同速度、不同半径的圆圈跑。④练习者做不同速度的弯道跑。

易犯错误五：进入或跑出弯道衔接不连贯。

纠正方法：①教师讲解错误原因（身体没有及时内倾或逐渐转正）。②练习者做不同速度直线跑衔接进入圆圈或圆弧跑的练习。③练习者做不同速度的圆圈或圆弧跑衔接进入直线跑的练习。④练习者做不同速度的直线跑进入不同半径的圆圈跑的练习。⑤练习者做不同半径的圆圈跑进入直道跑的练习。

（五）终点跑易犯错误与纠正方法

易犯错误一：迈大步、跨跳冲线。

纠正方法：①教师讲解错误原因（理解不正确）。②练习者进行正常、快速跑过终点线练习。③练习者将终点线向前延长5～8米，做快速跑过练习。④练习者在前两种练习熟练的情况下，反复进行胸部和单肩撞线的技术练习。

易犯错误二：上体过于正直。

纠正方法：①教师讲解上体过正冲过终点的原因（只注意下肢动作，忽视上体加速的意义）。②练习者进行后程（离终点线20米左右）适度增加身体前倾跑的练习。③练习者终点线前一两步左右距离快速加大身体前倾跑的练习（注意安全，防止跌倒）。④练习者反复进行慢、中、快速跑胸部和单肩撞线的技术练习。

五、教学要求与建议

（一）教学要求

无论是进行初中还是高中学生的短跑教学，都要认真对照教学课时数，结合学生的素质进行符合学生实际的、有针对性的教学，按照教学的任务和学生发展的目标有选择性地选择及运用教学方法。

（二）教学建议

（1）此处列举的教与学的方法在有限的教学课时内不可能全部运用，也不可能都符合实际需要，老师们可以根据需要并结合教学工作实际，发挥自己的创造性进行教学。

（2）此门课程教学的主要目标是发展学生的身体素质，增强学生的活动能力。同时，学生学习和掌握正确的运动技术，有助于激发他们的兴趣，养成终身体育锻炼的习惯。在教学中要抓住重点，千万不能本末倒置。

（3）对于有特长和经常参加专项训练的学生要有所偏重，在体能、专项技术和运动能力上要对他们提出更高要求。

第二节　跨栏跑

跨栏跑有直道男子110米栏、女子100米栏和男、女400米栏。我们可以将跨栏跑划分为起跑至第一栏、跨栏步、栏间跑和最后一栏至终点跑四个技术环节。

一、教学目标

（1）发展学生速度、力量、柔韧性、协调性等身体素质。

（2）发展并提高学生跨越障碍的能力。

（3）培养学生克服困难、不畏艰险、勇敢、顽强、果敢等意志品质。

二、技术动作要点和重点、难点

（一）技术动作要点

1.起跑至第一栏

（1）起跑反应快。

（2）蹬摆积极、步频快、步点稳定、直线性好、加速快。

（3）蹬摆幅度逐渐增加，身体重心逐渐抬起，至第一栏前身体重心达到较高位置，达到较快跑速。

（4）起跨点准确。

2.跨栏步

（1）重心位置高，起跨距离适中，栏前短步明显（最后一步比倒数第二步小20厘米左右）。

（2）过栏前重心快速前移的同时摆动腿充分折叠高抬前伸，身体前倾，后蹬积极充分，两大腿剪交叉大。同时，异侧肩臂前伸（形成攻栏）。

（3）摆动腿过栏后，大腿积极下压，小腿顺惯性自然前伸，同时起跨腿充分蹬伸后积极折叠外展（外展基本水平、稍勾脚尖）向身体的正前上方提拉，上体逐渐抬起，同时异侧臂屈肘侧划至体侧收经腋下后摆。

（4）重心继续前移，摆动腿前脚掌滚动着地，高重心支撑，当重心移过支撑点垂直面后，起跨腿提拉至身体正前方，小腿自然下垂，在此过程中摆动臂，继续后摆至最大幅度。

3.栏间跑

（1）栏间跑为3步。

（2）栏间节奏为小、大、中。

（3）栏间速度逐渐增加。

（4）为加快过栏速度，最后一步比倒数第二步小15～20厘米。

4.最后一栏至终点跑

（1）通过积极大幅度、快速摆臂和适当加大上体前倾，保持高速或减少速度损失。

（2）用单肩或胸部合理冲线。

（二）技术动作重点、难点

（1）重点：跨栏步技术。

（2）难点：跨栏步技术及动作的协调性。

三、教与学的方法

（一）起跑至第一栏

（1）教师示范并讲解起跑及加速跑的要领，其与短跑技术的区别，并提出要求。

（2）学生分组依次体会练习（做好第一栏位置标志），安排学生相互观摩。

（3）教师点评。

（4）学生按照老师要求再练习。

（5）教师示范并讲解起跑器的安装及使用起跑器起跑的技术要领、要求及与短距离跑起跑器安装的不同点。

（6）学生依次（或分组依次）使用起跑器练习，其他学生观察评价，教师巡回指导。

（7）学生依次使用起跑器进行加速跑练习，其他学生观察评价，教师巡回指导。

（8）学生轮换喊口令，相互指挥同伴使用起跑器起跑接加速跑练习。

（9）学生在教师口令指挥下分组依次练习。

（二）跨栏步

（1）教师示范并讲解跨栏步技术要领及要求。

（2）原地双脚前后站立，做模仿过栏的栏上摆臂技术练习。

（3）摆动腿放在肋木适当高度（与支撑腿髋关节接近），支撑腿直立支撑，连续做身体前倾抬起，起跨腿同侧肩臂前伸侧划、后摆（另一臂协调配合）技术练习。

（4）面对肋木双腿并拢直立，连续做起跨腿的折叠、外展、高抬（至水平）、还原练习。

（5）双手扶肋木直臂支撑，身体直体倾斜，双脚并拢，做连续的起跨腿稍后摆向外展、折叠小腿勾脚尖、经侧向前上方提拉练习。

（6）原地侧向直立，单手扶肋木做摆动腿折叠高抬的同时，身体重心前移，连续做摆动腿抬腿攻栏技术练习（起跨腿的异侧手扶肋木）。

（7）原地适当距离对墙做模仿攻栏技术练习（全脚掌触墙）。

（8）走两三步或三五步，对墙做模仿攻栏技术练习。

（9）做跨栏坐练习。

（10）原地双脚大幅度前后分立（栏在胯下），身体适当前倾，在栏侧做起跨腿的提拉过栏技术练习（栏由低渐高）。

（11）原地做摆动腿栏侧过练习（手臂配合，栏由低渐高）。

（12）在走步中连续做（10）（11）练习。

（13）慢跑中在栏侧做跨栏步后起跨腿的提拉技术练习（栏由低渐高）。

（14）慢跑中在栏侧做摆动腿栏侧过栏技术练习（栏由低渐高）。

（15）行进间跑接跨越标志线或球做过第一栏完整技术练习（以线代栏，起跨点规定一个大致范围，往后逐渐严格要求）。

（16）行进间跑过1个放倒的栏架。

（17）行进间过第一栏（由低渐高）。

（18）使用起跑器跑过第一栏。

（三）栏间跑

（1）教师示范并讲解栏间跑的技术要领及要求。

（2）行进间连续跨越两三条标志线或球，模仿完整过栏技术练习（标志可以大致标记3步步点；可以进行分组竞赛，增强趣味性）。

（3）行进间跑过放倒的两三个栏架。

（4）行进间摆动腿、起跨腿栏侧过1～4个栏（低栏，较熟练后逐渐增高）。

（5）行进间完整技术过1个栏（低栏）。

（6）行进间完整技术逐渐增加栏数练习直至全程（由低渐高，栏间距由较短增加至标准或考试距离）。

（7）使用起跑器跑过第一栏，直至全程栏练习。

（四）最后一栏至终点跑

（1）教师示范并讲解终点跑和冲线的技术要领及要求。

（2）学生行进间跑过1~2栏后积极下压衔接冲刺加速跑。

（3）学生分组依次练习终点跑衔接胸部撞线技术。

（4）学生分组依次练习终点跑衔接单肩撞线技术。

（5）学生全程跑过最后一个栏后冲刺跑衔接撞线技术（胸部、单肩）练习。

四、易犯错误与纠正方法

（一）起跑至第一栏易犯错误与纠正方法

易犯错误一：使用起跑器感觉用不上力。

纠正方法：①教师讲解错误原因（起跑器距离较远，“预备”口令后身体重心过分前移，“预备”口令后臀部抬起过高）。②教师帮助或指导学生自己动手调整起跑器距离或间距，练习者反复试之，直至适当。③教师或学生在练习者正前方用双手顶住练习者双肩，控制预备口令后学生身体重心前移幅度，反复练习。④教师或学生用手或辅助物确定练习者臀部抬起位置，学生抬起臀部时触及相应位置或标志，反复练习。

易犯错误二：捣小步。

纠正方法：①教师讲解错误原因（摆臂幅度小，过分强调频率）。②进行起跑后加大摆臂幅度跑的练习。③按步幅标记点跑。

易犯错误三：起跑后上体抬起过早、过快，起跑停顿。

纠正方法：①教师讲解错误原因（起跑重心前移慢，向前意识差；起跑时身体重心偏后）。②教师或学生在练习者正前方用双手顶住练习者双肩，辅助者需注意安全。③在老师或学生的辅助下，反复做听到“预备”口令后的身体逐渐抬起、重心前移到适当位置的练习。④练习者做肩挎橡皮带，一人在后适当距离拉着的起跑练习（提高练习者起跑的向前性）。

易犯错误四：起跑后低头、含胸跑进。

纠正方法：①教师讲解错误原因（紧张过度，本体感觉差）。②练习者做站立式起跑固定躯干及头颈部的放松跑进练习。③练习者从直立开始做直体前倾衔接跑进练习（控制前倾幅度）。④练习者做指定视线注意的位置的各种跑步练习。

易犯错误五：加速跑直线性差。

纠正方法：①教师讲解错误原因（分腿跑，两脚运动轨迹相距较大；腰部力量差；摆臂、摆腿技术不正确，方向不正）。②练习者做有意识两腿并拢的各种跑进练习（脚尖向前）。③练习者沿着直线做跑进练习。④练习者做增强腰部力量的各种练习。⑤练习者多做原地摆臂、后蹬跑、原地或行进间高抬腿、腿的折叠前摆练习等。

易犯错误六：跑到第一栏前降低速度。

纠正方法：①教师讲解错误原因（低头看起跨点；怕栏；步点不准确，栏前迈大步或捣小步）。②练习者注视设置的目标跑进，老师或同伴帮助观察起跨点和节奏，反复练习。③教师语言鼓励增强学生信心，降低练习难度（跨越标志线、跨越球、跨越橡皮筋、跨越低栏等）。④练习者调换起跑前两脚的前后位置，两脚做踩标记跑练习。

（二）跨栏步易犯错误与纠正方法

易犯错误一：过栏时上体过正。

纠正方法：①教师讲解错误原因（怕栏，起跨点近，起跨速度慢）。②练习者反复做跨栏坐技术练习。③练习者起跑至第一栏做稳定步点跑练习（可以做步点标志）。④练习者做标记步点的起跨腿和摆动腿栏侧过栏技术练习。⑤练习者做起跑过第一栏练习（可以先在栏位的位置画标志线，放低障碍物，再练习放倒的栏架，最后过低栏后逐渐升高栏架，克服心理障碍）。

易犯错误二：过栏时上体前倾过大。

纠正方法：①教师讲解错误原因（概念不清，过栏意识过强，后蹬力量差，腰腹肌力量薄弱）。②练习者在高重心走动中摆动腿折叠高抬，同时支撑腿充分伸展做栏侧过练习（尽量保持起跨腿离地瞬间与上体成直线）。③练习者慢跑，在跑动中练习②。④练习者进行腰腹肌、腿部力量练习。

易犯错误三：摆动腿或起跨腿栏侧过栏。

纠正方法：①教师讲解错误原因（跑进路线偏左或右，起跨腿提拉折叠不紧，摆动腿抬腿低，怕栏）。②练习者做画定或规定跑进路线跑进练习。③练习者做对墙的摆动腿折叠高抬攻栏练习（方向正）。④练习者做扶肋木或墙等的起跨腿提拉练习。⑤练习者做扶肋木或墙等的起跨腿提拉过栏练习。⑥练习者做降低栏高度的过栏练习。

易犯错误四：摆动腿过栏较低，踩栏、踢栏、打栏。

纠正方法：①教师讲解错误原因（大腿抬腿过低；大小腿折叠不紧，蹦脚尖）。②练习者扶肋木、扶墙连续做伸、举髋高抬摆动腿放松折叠小腿的技术练习。③练习者做连续高抬摆动腿放松，充分折叠小腿的走步练习。④练习者做跨栏坐练习。⑤练习者做摆动腿和起跨腿栏侧过栏练习。

易犯错误五：起跨腿提拉时膝关节打栏。

纠正方法：①教师讲解错误原因（柔韧性差，外展不到位；外展不及时、充分；脚和小腿后抛过高）。②练习者进行正、侧压腿，纵叉、横叉，正、侧摆腿等柔韧性练习。③练习者原地直立反复做起跨腿外展折叠，同时勾脚尖抬腿至水平的动作练习。④练习者身体直立前倾，双手扶肋木做起跨腿外展提拉栏侧过栏练习（提拉时伴随身体重心前移和上体逐渐抬起，逐渐升高栏架）。

易犯错误六：起跨腿提拉时脚尖挂栏。

纠正方法：①教师讲解错误原因（柔韧性差，外展不到位；折叠不紧；踝关节过于放松；起跨腿提拉不到位，下压过早）。②练习者做发展髋关节的各种柔韧性的练习。③练习者做原地连续做起跨腿外展高抬折叠小腿勾脚尖练习。④练习者做跨栏坐起跨腿小腿折叠勾脚尖练习。⑤练习者在连续走步中过栏，起跨腿提拉至正前方高抬腿位置放下。⑥练习者做跨一个栏后接高抬腿跑练习。

易犯错误七：过栏时剪绞小、跳栏。

纠正方法：①教师讲解错误原因（柔韧性差，怕栏；起跨点近）。②练习者做各种发展髋关节柔韧性的练习。③练习者做行进间快跑跨越无障碍栏位标志线的跨栏步练习。④练习者做行进间快跑跨越低障碍的跨栏步技术练习。⑤练习者做起跑踏上起跨标志点的跨栏步技术练习。

易犯错误八：过栏时身体不平衡。

纠正方法：①教师讲解错误原因（摆动腿异侧肩臂动作幅度小，腰部较松）。②练习者做跨栏坐练习。③练习者走两三步做对墙模仿攻栏，起跨腿同侧肩臂前送侧划的技术练习。④练习者做发展腰腹肌力量的练习。

易犯错误九：下栏时提拉不到位。

纠正方法：①教师讲解错误原因（下栏时身体重心前移慢，上体前倾过大，下栏时重心较低，摆臂幅度较小）。②练习者走或跑三五步，对墙做模仿攻栏练习（加强起跨腿的蹬伸）。③练习者在走步中做跨越栏架后，摆动腿积极下压、抬体、提重心练习。④练习者在③的基础上，在走步中做跨越栏架后的起跨腿向前上方举腿、伸髋的高抬腿练习。⑤练习者跑动中做跨越栏架后的高抬腿跑（配合大幅度摆臂）练习。

（三）栏间跑易犯错误与纠正方法

易犯错误一：栏间三步第一步较小。

纠正方法：①教师讲解错误原因（起跨腿提拉不到位，急于着地；过栏后身体重心移动慢；上体前倾过大，身体重心低）。②练习者扶肋木反复做起跨腿外展提拉、前送并成高抬腿姿势（伴随着身体重心适当前移和抬起上体）。③练习者反复做练习②，练习时体侧放栏架，起跨腿提拉经过栏上，高度适当。④练习者做各种加强腿部爆发力的练习。

易犯错误二：栏间重心低。

纠正方法：①教师讲解错误原因（腿部力量差，后蹬不充分，过分迈大步跑）。②练习者反复进行后蹬跑和增强各种腿部力量的训练。③练习者进行各种高重心跑的练习。④练习者反复做摆动腿的脚落地靠近身体重心投影点的高重心跑动练习。

易犯错误三：栏间直线性差。

纠正方法：①教师讲解错误原因（起跨腿提拉后，脚着地不在正前方；摆臂、摆腿方向不正，腰部比较松）。②练习者在直线上做走步或过低栏摆动腿和起跨腿配合的跨栏技术练习。③练习者做行进间高抬摆动腿走练习。④练习者做连续摆动腿栏侧高抬过栏练习（身体正）。⑤练习者做各种加强腰部力量的练习。⑥练习者做有意识地“固定”躯干姿势各种难度的栏间跑练习。

易犯错误四：栏间拉大步。

纠正方法：①教师讲解错误原因（下栏第一步过小；跑动时摆动腿抬腿低，下栏速度损失大）。②练习者做固定标志点的栏间跑。③练习者做起跨腿提拉至高抬腿位置的跑动练习。④练习者做摆动腿的脚着地靠近重心投影点的跑动和栏间跑练习。⑤练习者做高重心的栏间跑练习。⑥练习者做提高过栏速度的各种练习。

（四）终点跑易犯错误与纠正方法

易犯错误一：过最后1个栏后速度慢。

纠正方法：①教师讲解错误原因（过栏后摆动腿下压不积极；身体过正或后仰，重心靠后；后蹬、摆动慢）。②练习者做发展速度耐力的练习。③练习者做加快摆臂的练习。④练习者做加大身体前倾的练习。

易犯错误二：上体过正或挺着腹跑。

纠正方法：①教师讲解错误原因（耐力差，腰部力量差）。②练习者做发展速度耐力的练习。③练习者做发展腰部力量的练习。④练习者做适当增大身体前倾的快速大幅度摆臂练习。⑤练习者微收腹跑。

五、教学要求与建议

（一）教学要求

（1）该项目具有一定的危险性，教学时要特别重视对学生进行安全教育。

（2）教学中一定要把握关键技术并遵循该项目的教学规律进行教学安排，且不可操之过急。

（3）每次课前都要做好充分准备，考虑周全，消除安全隐患。

（4）教学中，一定要做到由易到难、由简到繁，循序渐进进行教学设计，防止运动损伤。

（5）在选择教学手段和方法时，要根据教学对象的年龄、性别、水平、素质和基础等因材施教。

（二）教学建议

（1）该项目最好采用分解教学法进行教学。

（2）在教学中要特别重视辅助、专门性练习的正确使用和运用，并强调此方面动作的规范性。

第三节 中长距离跑

中长跑即为中跑和长跑的合称。中跑包括300米、800米和1500米跑，5000米及以上距离的跑称为长跑。

一、教学目标

（1）通过中长跑教学，提高学生的耐力素质。

（2）增强学生的心血管和呼吸系统的功能。

（3）通过中长跑教学，锻炼学生吃苦耐劳、顽强拼搏的意志品质。

二、技术动作要点和重点、难点

（一）技术动作要点

1.起跑技术要点

（1）采用站立式起跑。

（2）起跑有“各就位”、“预备”、鸣枪或听信号三个环节。

（3）“各就位”“预备”——轻快走到起跑线后沿后站好，稳定下来；鸣枪或听信号——听到鸣枪或信号后快速出发。

2.加速跑技术要点

（1）起跑后的跑进应沿着第一分道实跑线的切线方向跑进（第二组应沿着第五分道实跑线的切线方向跑进）。

（2）起跑后根据实际情况尽量占据有利位置。

（3）若不能占据有利位置，尽量避免干扰，按照或调整自己的战术计划跑进。

3.途中跑技术要点

（1）步幅适中。

（2）在动作轻松、自然的情况下，保持较快速度。

（3）弯道跑时，根据速度保持身体适当内倾，克服离心力。

（4）战术：根据个人情况、特点和任务，采取匀速跑、领跑、跟随跑、变速跑中的一种。

（5）呼吸：一般采用三步一吸、三步一呼，两步一吸、两步一呼或三步一吸、两步一呼的方法。

（6）出现“极点”后，适当放松，调整跑速，加深呼吸，坚持下去直到呼吸均匀。

4.终点跑技术要点

（1）根据个人体力，确定最后冲刺的距离。

（2）适度加大身体前倾，以加大、加快摆臂加速冲刺。

（3）尽全力冲过终点。

（二）技术动作重点、难点

（1）重点：途中跑技术。

（2）难点：战术运用，呼吸和跑的节奏配合。

三、教与学的方法

（一）途中跑

（1）教师讲解中长跑途中跑的技术要领和练习要求。

（2）中等速度80～100米跑。

（3）中等速度100～200米跑。

（4）匀速跑。

（5）走跑交替或跑走交替。

（6）变速跑。

（7）反复跑或重复跑。

（8）越野跑等。

（二）起跑及起跑后的加速跑

（1）教师介绍中长跑起跑及起跑后加速跑的价值、意义、方法和要求等。

（2）教师示范。

（3）成组进行“各就位”技术练习。

（4）成组进行“各就位”后的听口令或鸣枪起跑练习。

（5）成组进行起跑衔接加速跑30～40米距离跑的练习。

（6）起跑、加速跑衔接途中跑技术的练习。

（三）终点跑

（1）教师讲解中长跑终点跑的技术要领及练习要求。

（2）300～600米跑后做150米左右冲刺技术练习。

（3）做分组等距跑冲刺练习。

（4）做分组让距跑冲刺练习。

（5）依据学生素质、运动能力，做分组冲刺跑。

四、易犯错误与纠正方法

（一）途中跑易犯错误与纠正方法

易犯错误一：身体重心起伏大。

纠正方法：①教师讲解错误原因（步幅过大，脚着地不柔和）。②练习者做放松中等步幅跑。③练习者做滚动脚掌跑。④练习者做放松下坡跑（坡度在5°以内）。

易犯错误二：后蹬无力，坐着跑。

纠正方法：①教师讲解错误原因（腿部力量差，动作姿势不正确）。②练习者做各种跳跃、跳台阶等发展腿部力量的练习。③练习者做后蹬跑。④练习者做高抬腿跑。⑤练习者做上坡跑。

易犯错误三：摆臂、摆腿方向不正确。

纠正方法：①教师或优秀学生示范，通过挂图、幻灯片或影像等手段讲解正确技术。②学生在教师的指导下进行原地摆臂技术练习。③练习者原地摆臂，做触及设置的标志物练习。④练习者身体前倾，双手扶肋木直臂支持做原地的摆腿、抬腿练习。⑤教师在较远处设置目标标志，学生以慢或中等速度直线跑进，在跑进过程中朝目标摆臂和（或）摆腿。⑥练习者以中等速度直道进入弯道跑，体会弯道跑进的摆动技术练习。⑦练习者以中等速度从弯道进入直道跑，体会直线跑进的摆动技术练习。

易犯错误四：呼吸方法不正确。

纠正方法：①教师讲解错误原因。②练习者原地进行呼吸节奏练习。③练习者慢跑四五百米，运用并体会正确的呼吸方法。④练习者慢跑800～1000米，运用并体会正确的呼吸方法。

易犯错误五：动作紧张，不协调。

纠正方法：①教师讲解错误原因。②练习者做放松跑练习。③练习者做顺风跑练习。④练习者做惯性下坡跑练习。⑤练习者做自然环境下的放松跑练习。⑥练习者做各种发展协调性的练习。

易犯错误六：身体后仰（或挺肚子）跑。

纠正方法：①练习者做各种发展腰腹肌力量的练习。②练习者做后蹬跑练习。③同伴在后拉斜挎肩上橡皮带的阻力，练习者做后蹬跑。④练习者做微收腹跑练习。⑤练习者做直体前倾跑练习。

（二）起跑易犯错误与纠正方法

易犯错误一：鸣枪后停顿。

纠正方法：①教师讲解错误原因（重心较高；重心靠后，反应迟钝）。②练习者反复进行“各就位”后的起跑技术练习。③练习者做听不同信号（鸣枪、口令、击掌等）的起跑练习。

易犯错误二：起跑后直接向里道跑。

纠正方法：①教师讲解错误原因（低头跑，闭眼睛跑，不理解技术要领）。②练习者反复做起跑后沿着切线方向的放松加速跑技术练习。③练习者反复做在不同位置起跑线后沿着切线方向的加速跑练习。

易犯错误三：起跑后跑速过快。

纠正方法：①教师讲解错误原因（不懂得体力分配）。②练习者体会放松状态下有速度的加速跑技术练习。③练习者练习不同情况下的起跑加速跑技术练习。④练习者做几人或多人起跑情况下的起跑加速跑技术练习。⑤练习者做多人站不同位置起跑后的加速跑技术练习。

（三）终点跑易犯错误与纠正方法

易犯错误一：动作紧张，上体后仰跑。

纠正方法：①教师讲解错误原因。②练习者做加大身体前倾跑练习。③练习者做主动前移、提高重心、加快摆臂跑练习。④练习者做直体前倾跑练习。

易犯错误二：摆臂不积极，幅度小。

纠正方法：①教师讲解错误原因。②练习者做300～600米放松主动摆臂跑练习。③练习者做不同跑距放松大幅度有力摆臂跑练习。

易犯错误三：最后冲刺放松，速度下降。

纠正方法：①教师讲解错误原因（认识不到位，意志力不强）。②练习者做不同段落跑的最后快速冲刺练习。③练习者做不同段落跑的练习，教师语言提示开始冲刺及技术要领。

五、教学要求与建议

（一）教学要求

（1）各种途中跑要结合呼吸节奏练习。

（2）在练习中随着运动水平的提高，要逐步融合不同的战术练习。

（3）教学中不能操之过急，开始时量和强度都不能大，随后根据能力和水平提高程度，逐渐增加练习的负荷量，在量的积累达到一定程度的基础上适当提高强度。

（二）教学建议

（1）在进行中长跑教学前，一定要全面了解学生的健康和体质，有心脏病和高血压的学生应在医务人员的建议下进行教学。

（2）在中长跑教学中，要适当变换练习环境和练习手段、方法，避免过于枯燥。

第四节　接力跑

接力跑是田径运动中唯一的集体项目，运动员以队为单位，以接力棒为介质，在规则允许的范围内，是按照预先排定的顺序依次完成接力棒的传接并跑完规定距离的径赛项目。

一、教学目标

（1）通过接力跑教学，使学生掌握接力跑的技术和战术。

（2）提高学生的速度素质。

（3）增强学生团结协作、相互配合的集体主义精神。

二、技术动作要点和重点、难点

（一）技术动作要点

1.起跑技术要点

（1）采用蹲踞式起跑并使用起跑器。

（2）起跑器的安装靠近各自分道的外侧，但不能越过起跑线和外侧分道线，方向朝着自己分道实跑线（或计算线）的切线方向，其他与直道起跑器安装相同。

（3）起跑队员一般右手持棒。

（4）起跑有“各就位”、“预备”和鸣枪（或听信号）三个环节。

（5）“各就位”、“预备”和鸣枪（或听信号）三个环节同短跑的不同之处，在于“各就位”时，左手放在距离起跑线后5～10厘米处，右手持棒在“预备”口令后，棒的前端不能触地面（接力棒是人体的一部分）。

2.加速跑技术要点

（1）起跑后跑进应沿着第一分道实跑线的切线方向跑进，随后进入弯道加速。

（2）起跑后的直线（或切线段）加速快，动作和技术要求与短跑基本相同，进入弯道时身体顺势内倾，速度越快身体内倾越大。

3.传接棒技术要点

（1）接力区长20米，包括接力区后沿线的宽度，不包括接力区前沿线的宽度，传接棒以棒为主体。

（2）接力跑运动员在4×100米接力赛中，一般要求不交换手持棒。

（3）接力区后沿线后10米处有预跑线，接棒运动员只能在该线的前面自己分道的任何位置进行预跑。

（4）接棒运动员根据持棒跑进运动员跑进的速度估算自己开始启动加速的时机，传接棒的位置在接力区内一般距离接力区前沿两三米处，接棒人在前，传棒人在后，传接棒时两人距离1.5米左右。

（5）一般第一棒与第二棒、第二棒与第三棒传接采用下压式，第三棒与最后一棒根据接棒人的习惯而定。

（6）第二、四棒队员接棒时应靠近自己分道的右侧跑进，第三棒队员在接棒时应靠近自己分道的左侧跑进。

（7）每位传棒队员在传棒后应沿着自己的分道进行缓冲，并注意观察周围情况，在不影响其他各条分道运动员传接棒和跑进的情况下，方可离开自己的跑道。

4.终点跑技术要点

终点跑的技术要领和要求与短距离跑要求基本相同，不同的是要求运动员持棒跑过终点。

（二）技术动作重点、难点

（1）重点：传接棒技术。

（2）难点：接棒人开始预跑的时机和默契的传接配合。

三、教与学的方法

（一）原地传接棒

（1）教师示范并讲解正确的握持棒技术。

（2）原地学习上调式传接棒技术。

（3）学习上调式接棒手臂和手型技术。

（4）学习原地两人一组传接棒技术：两人前后站立，相距1.5米左右，传棒人的持棒肩正对接棒人的肩，错位站位，后面的人传棒，前面的人接棒，然后两人原地同时向后转，交换手练习。

（5）按照练习（2）的要求，两个人进行换手传接棒练习。

（6）原地两人一组，间距1.5米左右，两人的两腿分别前后站立，做原地摆臂，后面持棒人发出信号或口令。待接棒人伸出手臂做好接棒姿势后，后面的传棒人传棒，然后两人在原地同时向后转，交换手练习。

（7）按照练习（4）的要求，两人进行换手传接棒练习。

（8）分别将（2）和（4）练习增加至三四人练习（按照正规接棒要求错位站位进行练习，练习过程中要不断变换位置，使学生适应并掌握不同棒次的传接棒技术要求）。

（9）原地学习下压式传接棒技术（练习方法同上调式）。

（二）行进间传接棒技术练习

（1）一人在前，另一人在后，连续做上调式或下压式传接棒技术练习，然后两人交换练习。

（2）一人在前，另一人在后，上调式或下压式传接棒后，传棒人快速跑到接棒人前面，进行接棒练习（慢跑中不断进行）。

（3）行进间慢跑，四人一组由后向前进行上调式传接棒技术练习，传棒到最前面后，最前面的人将棒丢至地上，最后一人捡棒后进行练习（也可以采用将棒传至最前面人员后，集体向后转跑进，然后将棒再向前传接，来回进行），做交换手传接棒练习。

（4）按照练习（3）的方法进行下压式传接棒练习。

（5）四人一组行进间走或慢跑，由后向前进行上调式—下压式—上调式混合传接棒技术练习，传棒到最前面后，最前面的人将棒丢至地上，最后一人捡棒后进行练习。

（6）四人一组行进间走或慢跑，由后向前进行上调式—下压式—上调式混合传接棒技术练习，每个传棒人传完棒后快速跑至队伍的最前面，进行不间断的传接棒技术练习。

（7）两人相距30米左右的距离，错位站立如（2）要求，持棒人跑到适当位置，接棒人起跑，在跑进中进行上调式或下压式传接棒技术练习，然后交换练习（先慢后逐渐加快）。

（8）四人一组分别相距三四十米，错位站立如（2）要求，连续进行混合式传接棒练习（不断调换学生位置，速度先慢，然后逐渐加快）。

（9）调整预跑距离，做限定接力区的传接棒技术练习。

（三）接力跑

（1）学生在接力区的传接棒技术练习。

（2）完整技术的接力练习（不断调整每个学生在不同接力区的练习）。

四、易犯错误与纠正方法

易犯错误一：第一棒队员预备时棒触及起跑线前面的地面。

纠正方法：①教师讲解正确的持棒方法和产生错误的原因。②教师进行指导，学生反复练习。

易犯错误二：传棒人在传棒的瞬间减速，接棒人跑速过快造成接不到棒。

纠正方法：①教师分析造成接不到棒的原因，讲解纠正方法。②教师初步确定接棒人的起跑点和传棒人跑到设定的位置，然后两个人进行跑动中传接棒练习，根据不同练习者的水平和能力调整接棒人的起跑点或接棒人开始起跑时两人之间的间距，然后进行练习。③传棒人保持在高速跑进中传接棒，传出接力棒后才可以减速缓冲。

易犯错误三：传接棒时，接棒人回头看传棒人接棒或等棒。

纠正方法：①教师讲解接棒人等棒的弊端，讲解正确传接棒的技术要求。②在中等速度跑进下反复练习，传棒人发出口令或信息，接棒人不回头看棒做传接棒技术练习。③逐渐加快跑进速度，在较高跑速中两人做传接棒技术练习，达到配合娴熟和默契。

易犯错误四：持棒人跑过接棒人。

纠正方法：①教师讲解错误原因（接棒人加速比较慢；启动比较迟，在没有达到最快速度的情况下传接棒；传棒人的速度大于接棒人的跑速）。②适当调整接棒人启动时与传接棒人之间的间距，进行传接配合练习。③限定传接范围，练习者高速跑进做传接棒技术练习。

易犯错误五：传棒人传棒后马上离开自己的跑道，造成阻挡和影响他人传接棒或跑进。

纠正方法：①教师讲解传接棒规则、要求及易产生错误的原因。②练习者进行传接棒练习后，待在自己的跑道内，并逐渐养成习惯。

易犯错误六：传接棒队员传接棒时相撞。

纠正方法：①教师讲解传接棒人跑进或站位靠近跑道的中间，配合时跑进线路错误。②练习者明确站位和跑进路线，进行跑进和传接配合练习。

易犯错误七：没有根据接力队员的特点分配接力棒次。

纠正方法：①根据接力跑各个棒次的要求和学生的特点进行各个棒次的人员分配。②一般第一棒起跑快，擅长跑弯道；第二棒速度快，速度耐力强；第三棒擅长跑弯道；第四棒速度最快，速度耐力和冲刺能力强。③教师根据学生的速度特点，适当调整学生传接棒的位置，调节各人跑的距离，以达到最好的接力跑成绩为目标。

易犯错误八：持棒队员跑进中换手持棒（主要是4×100米接力）。

纠正方法：①强调不换手持棒的意义及换手持棒对跑进速度的影响。②加强在各种行进间传棒人不换手持棒的传接练习，培养其习惯。

易犯错误九：最后一棒队员到达终点前将棒抛到终点线前面。

纠正方法：①教师向学生说明规则，并强调持棒跑过终点。②各种分解或完整传接配合，要求最后一人持棒跑过规定的标志或标记。

五、教学要求与建议

（一）教学要求

（1）接力跑是田径运动项目中唯一的集体合作与配合项目，在教学中要注重培养学生的合作、配合和集体主义精神。

（2）教学以掌握正确的传接棒技术和发展学生的速度素质为重点。

（3）接力跑是在高速行进中进行的，易发生冲撞、阻挡等，要注意加强安全教育。

（二）教学建议

（1）进行接力跑教学，要根据学生不同的年级或年龄层次以及运动负荷的要求，适当考虑练习的距离，不可千篇一律。

（2）在传授传接棒技术时，首先必须简明、清楚地讲解传接棒运动员的站位要求、跑进路线要求等，然后才能进行行进间的传接棒技术练习，防止相互冲撞造成伤害事故的发生。

（3）在进行完整的传接技术练习时，主要以进行慢、中速跑的技术练习为主，以达到正确、熟练掌握完整技术的目的，重点兼顾课的教学目标和任务，灵活变换练习的组织形式、教与学的方法，提高学生学习兴趣。

第五节 障碍跑

障碍跑是在田径场的跑道上或跑进的道路上设置不同形式的障碍，在不违背规则的前提下，采用相应的方式、方法通过障碍并跑完规定的障碍数和规定距离的径赛项目。

一、教学目标

（1）通过障碍跑教学，提高学生绕、跨、钻、爬越障碍等技术、技巧，发展、提高学生该方面的能力。

（2）全面发展学生的身体素质。

（3）提高学生克服障碍的心理素质和适应环境的能力。

（4）提高学生的灵活性和灵敏性。

（5）锻炼学生不畏艰险、吃苦耐劳、顽强拼搏、勇于进取的意志品质和优良作风。

二、技术动作要点和重点、难点

（一）技术动作要点

1.绕过障碍的动作要领

当遇到障碍物必须绕行或要求绕行时，学生采取合理的身体姿势和正确的绕行技术绕过障碍物的方法。

（1）根据绕行的速度，身体适度内倾，克服向心力，动作流畅、自然。

（2）最短的线路和绕行距离。

（3）有利于缩短绕行时间的合理技术动作。

（4）保持与障碍物之间的安全距离。

2.跨越障碍的技术要点

跨越障碍的技术主要有两种：一种为踏上跳下法，另一种为跨越法。

（1）踏上跳下法。

在规定或要求从障碍物上通过，且又无法一次性从障碍物上越过或因体力原因必须保证安全时，一般采取踏上跳下或踏上走一段距离跳下越过障碍物的方法。

踏上跳下法是在跑进到障碍物前适当距离，一条腿用力蹬地，重心快速前移，另一条腿抬起，抬腿的高度因障碍物的高度而定，脚稍高于障碍物，踏在障碍物上，保持适度弯曲，上体保持稍前倾，当蹬地腿蹬伸结束后，屈膝、屈髋收腿，越过障碍物，在障碍物的前方适当位置着地或在障碍物上行进后跳下，继续跑进。

（2）跨越法。

在规定或必须从障碍物上通过时，在技术合理、保障安全的情况下，采用一次性跨越障碍物的方法。

跨越式的技术要点和跨栏跑跨越栏架技术相同。

3.钻、爬越障碍跑的技术要点

当遇到障碍物，人体不能绕、跨、越过，且下方有一定的空间，障碍物的高度低于人体高度，要求必须从障碍物下方通过时，一般采用钻、爬越的方式通过，即为钻、爬越障碍。

（1）根据障碍物下部或中间空间的高度决定采取躬身（屈膝、弯腰）或爬行的方法通过。

（2）钻过：根据障碍物的高度，采取适当的屈膝、屈髋、躬身、低头，目视前方跑进的方向和线路，钻过障碍物。

（3）爬过：由于障碍物的空间高度过低，弯腰、躬身不能通过且只有俯下身体爬行才能通过时，首先俯下身体用四肢以匍匐的形式爬行。用四肢爬行时，双臂直臂用手掌和双腿膝关节支撑，在前行时腿臂配合，左手、右腿支撑时，右臂、左腿前行，然后换为右臂、左腿支撑，左手、右腿前行，依次进行。

4.手脚支撑越过障碍方法

在遇到障碍时，首先用一只手扶在障碍物一侧，用该手的同侧腿支撑、蹬伸，另一脚踏上障碍物的另一侧，支撑臂伸直，将身体支撑在障碍物上，然后支撑手的同侧腿屈膝越过的方法（也可双手支撑）。

另外，还有“走独木桥”“攀越式”和跨越水池、壕沟等方法。

（二）技术动作重点、难点

（1）重点：踏上跳下和跨越式技术。

（2）难点：跨越式方法。

三、教与学的方法

（一）绕过障碍技术的教与学的方法

（1）教师示范、讲解绕障碍跑的技术要点和要求。

（2）用不同半径的圆圈跑体会速度与身体倾斜的变化。

（3）跑“8字”或“S”，体会不同方向曲线跑身体内倾与速度变化。

（4）跑10～15米后，以“S”形绕一个或多个篮球（排球）后跑进5～10米。

（5）跑10～15米后，以“S”形绕一个或多个跨栏架后跑进5～10米。

（6）跑10～15米后，以“S”形绕跨栏架、跳箱或其他障碍物后跑进5～10米。

（7）连续以“S”形绕杆、树或其他物体跑。

（二）跨越障碍技术的教与学的方法

1.踏上跳下式

（1）教师讲解技术要领及要求。

（2）助跑3～5步后，踏上低的跳箱后跳下技术练习（左、右脚分别练习体会）。

（3）助跑5～7步后，踏上横向放置的跳箱后跳下练习。

（4）助跑5～7步后，踏上纵向放置的低跳箱后在跳箱上走（跑）后跳下练习。

（5）助跑3～5步后，用踏上跳下法过2～3个低的跳箱做技术练习（左、右脚分别上、下练习体会）。

（6）助跑15～20米后，用踏上跳下法过2～3个低的跳箱或其他障碍物做技术练习。

（7）逐渐提高障碍物高度，做练习（6）。

（8）完整技术练习。

2.跨越式

教学法如跨栏跑的跨栏步技术教学。

（三）钻、爬行过障碍技术的教与学的方法

1.钻过障碍技术的教与学的方法

（1）教师示范并讲解“钻过”的基本技术、方法、要领和注意事项。

（2）集体原地学习屈体、躬身技术。

（3）屈体、躬身走。

（4）屈体、躬身慢跑。

（5）屈体、躬身过1个障碍。

（6）屈体、躬身过2～3个障碍。

（7）屈体、躬身连续过不同高度的障碍。

（8）游戏性钻障碍比赛。

2.爬行过障碍技术的教与学的方法

（1）教师示范讲解“爬行”的基本技术、方法、要领和注意事项。

（2）在垫子上学习手、膝支撑技术。

（3）在垫子、塑胶场地或草地上学习手、膝支撑爬行技术。

（4）设置单个低障碍，练习从障碍下爬行通过技术。

（5）设置2～3个障碍，练习从障碍下爬行通过技术（可以是高度或形式不同的）。

（6）游戏性教学比赛。

3.手脚支撑越过障碍技术教学的方法

（1）教师示范讲解手脚支撑越过障碍的技术动作要领及要求。

（2）在适当高度的跳箱（横箱）上练习手脚支撑技术。

（3）在适当高度的跳箱（横箱）上练习手脚支撑、起跳腿蹬地技术（施以保护帮助）。

（4）在适当高度的跳箱（横箱）上练习手脚支撑、起跳腿蹬地后屈膝收腿技术（施以保护帮助）。

（5）在适当高度的跳箱（横箱）上进行完整技术练习（施以保护帮助）。

（6）连续过2～3个适当高度的跳箱（横箱）完整技术练习（施以保护帮助）。

（7）逐渐增加高度的完整技术练习（施以保护帮助）。

（8）游戏性的教学比赛练习（施以保护帮助）。

四、易犯错误与纠正方法

（一）绕过障碍易犯错误与纠正方法

易犯错误一：身体过正。

纠正方法：①教师讲解身体过正的原因。②练习者沿教师画定的弧线用不同的速度跑进，体会身体内倾与速度的关系。③教师在设置的障碍两侧画定弧线，练习者用不同的速度做跑进练习，体会身体内倾与跑速的关系。

易犯错误二：两脚跑进不在一条弧线上，身体左右晃动。

纠正方法：①教师讲解错误原因。②练习者反复跑不同半径的圆或弧线，要求两脚的内侧在一条弧线上。③教师在障碍物的两侧画定弧线，练习者沿弧线做跑进练习。

易犯错误三：靠近障碍物进入弧线跑或跑出弧线衔接不顺畅。

纠正方法：①教师讲解错误原因。②练习者进行直线跑转入弧线跑技术练习。③练习者进行弧线跑转入直线跑技术练习。④练习者反复练习直线跑衔接弧线跑再转入直线跑技术练习。

（二）踏上跳下式及跨越式越过障碍易犯错误与纠正方法

1.踏上跳下式易犯错误与纠正方法

易犯错误一：踏上障碍物时距离过远或过近。

纠正方法：①教师讲解错误原因。②练习者自己画线，按照画线进行助跑的踏上跳下练习。③教师根据练习者自己画线及练习情况，对不适合的起跨点进行分析并调整，学生再练习。④教师指导练习者按照跑速的变化调整起跨点进行反复练习。

易犯错误二：后蹬无力，身体后坐。

纠正方法：①教师讲解错误原因。②练习者加强下肢力量练习。③练习者做保持支撑腿适度弯曲和上体适度前倾的技术练习（速度逐渐递增）。④练习者做降低障碍物高度的练习。

易犯错误三：支撑腿过度弯曲或伸直。

纠正方法：①教师讲解错误原因。②练习者按照教师的要求在障碍物前反复做支撑腿迈上障碍物并保持适宜曲度的练习，教师指导。③练习者做走、慢跑2～3步后迈上障碍物支撑腿的技术练习。④练习者跑3～5步后做迈上障碍物支撑腿支撑后的跳下练习（画起跨的范围）。

易犯错误四：后蹬腿跨过障碍物时折叠不充分，挂、碰障碍物。

纠正方法：①教师讲解错误原因及纠正方法。②教师指导练习者，练习者自己原地做起跨腿折叠伸展动作。③练习者一只腿在跳箱上支撑，做起跨腿折叠伸展动作。④练习者走2～3步后踏上跳箱做起跨腿蹬伸后的折叠动作。⑤练习者跑2～3步或3～5步后踏上跳箱做起跨腿蹬伸后的折叠跨越跳箱技术动作。

易犯错误五：踏上障碍物时身体过正或后仰。

纠正方法：①教师讲解错误原因（起跨点过远，支撑腿支撑过于伸直）。②练习者做缩短起跨点的踏上跳下技术练习。③练习者做踏上障碍物支撑腿适度弯曲的踏上跳下技术练习。④练习者降低障碍高度，做适当增加身体前倾的踏上跳下技术练习。

易犯错误六：跳下障碍物时太近。

纠正方法：①教师讲解错误原因。②练习者根据自己的练习和老师的提示，自己画定落地标志进行练习。③教师提示练习者修正落地标志进行练习。④做不同速度踏上跳下障碍物练习，体会适合个人落地距离和技术的练习。

易犯错误七：跳下障碍物时支撑无力。

纠正方法：①教师讲解错误原因。②练习者做全脚掌滚动落地的技术练习。③练习者做加强腿部和踝关节力量的练习。

2.跨越式易犯错误与纠正方法（见跨栏跑的跨栏步技术易犯错误与纠正方法）

（三）钻过障碍易犯错误与纠正方法

易犯错误一：碰头。

纠正方法：①教师讲解错误原因（屈膝、屈髋、屈体不够）。②练习者原地无障碍做屈膝、屈髋，身体前倾弯腰低头、前视技术练习。③练习者做钻较高障碍物的练习。④练习者做逐渐降低障碍物高度的技术练习。

易犯错误二：头过低。

纠正方法：①教师讲解错误原因。②练习者原地做弯腰、颈部前屈抬头，头部略低于背、肩部的技术练习。③练习者原地做屈膝、屈髋，颈部前屈抬头，头部略低于背、肩部的技术练习。④练习者在行进间做练习③。⑤练习者在行进间做练习③，钻较高障碍的技术练习。⑥练习者做逐渐降低高度的⑤练习。⑦练习者做逐渐增加速度的⑥练习。

易犯错误三：方向不正，左右碰壁。

纠正方法：①教师讲解错误原因。②练习者做目视前方的慢速钻过障碍物练习。③教师在障碍物下画线，练习者踩着线钻过障碍物做练习。④练习者逐渐提高速度做钻过障碍物的技术练习。

（四）爬行过障碍易犯错误与纠正方法

易犯错误一：过于低头，偏离方向。

纠正方法：①教师讲解错误原因。②优秀学生做示范，教师讲解。③练习者在较高障碍物下做抬头爬行练习。④练习者逐渐降低障碍物高度，颈部前屈抬头目视前方，做慢速爬行技术练习。⑤练习者做逐渐增加爬行速度的技术练习。

易犯错误二：身体过分扭曲摆动，影响前行速度。

纠正方法：①教师讲解错误原因。②优秀学生示范，教师分析讲解。③练习者做相对固定腰部的爬行练习。④练习者做增强腰部力量的练习。

易犯错误三：脚趾受伤。

纠正方法：①教师讲解错误原因。②练习者原地做适当绷脚掌的技术练习。③练习者在垫子或草地上做适当绷脚掌的爬行练习。④练习者做慢速度的适当绷脚掌障碍物下爬行练习。⑤练习者做逐渐提高爬行速度在障碍物下的爬行练习。

易犯错误四：抬头较高，头碰障碍。

纠正方法：①教师讲解错误原因（学生本体感觉、控制身体姿势的能力薄弱）。②练习者反复在垫子或草坪上做无障碍物颈前屈、眼视前方的爬行练习。③练习者在适中高度的障碍物下慢速练习。④练习者做逐渐增加难度的在障碍下爬行练习。

（五）手脚支撑越过障碍易犯错误与纠正方法

易犯错误一：同手同脚支撑。

纠正方法：①教师讲解错误原因。②教师或优秀学生示范，教师分析讲解。③练习者在横放的跳箱前上一步（起跨腿上步）做起跨腿的同侧臂和异侧腿放置障碍物上的支撑技术练习。④教师组织同学相互观摩并纠正错误（手脚的位置、姿势）。⑤练习者做上一步手脚支撑起跨腿蹬伸后回落原地的技术练习（体会支撑和用力）。⑥练习者降低障碍物高度，做完整技术练习。

易犯错误二：支撑手臂弯曲。

纠正方法：①教师讲解技术概念和要求。②练习者原地在横马前放置手臂，做直臂支撑练习（同学相互比赛或评比）。③练习者上一步放置手脚于跳箱上，起跨腿蹬伸后（体会直臂支撑技术）再落回原地做技术练习。④练习者做发展上肢力量的练习。

易犯错误三：蹬伸腿蹬伸无力。

纠正方法：①教师讲解错误原因（起跨点较远，下肢力量差）。②调整学生起跨距离后做练习（学生在教师的指导下，根据自己练习的感觉进行调整，教师指导）。③练习者做降低障碍物高度的练习。④练习者做逐渐提高障碍物高度的练习。⑤练习者做发展下肢力量的练习。

易犯错误四：蹬伸腿蹬伸后收腿折叠不紧。

纠正方法：①教师讲解错误原因。②练习者原地做收、放腿技术练习。③练习者手脚在横马上支撑，做起跨腿蹬伸后的收放练习（不越过横马，收腿后重心后移起跨腿回落原地，反复做此练习）。④练习者做发展学生的柔韧素质的练习。

五、教学要求与建议

（一）教学要求

（1）障碍跑的障碍设置要充分考虑到安全因素，避免对学生造成伤害。

（2）练习技术与方法要正确。

（3）学习中要由易到难、从简到繁，根据学生能力的提高循序渐进。

（4）教师在组织学生上课时应严明学生的组织纪律性。

（5）课前要认真备课、周密考虑，上课时要精心组织、合理安排。

（6）障碍物的设置要求：属于被绕行、跨越、钻越或手脚支撑等的障碍物要无棱角，属于被踩踏、支撑的障碍物应足够稳定、坚实、牢固。

（7）课前做好安全教育，课中做好安全防范工作。

（二）教学建议

（1）障碍跑的形式、内容很多，可以不拘一格进行教学设计，例如上述列举的爬行、钻越，要在保证安全的情况下进行；翻越肋木、攀越网墙、过独木桥、跨越水池、壕沟等，都可以很好地锻炼学生的跨越障碍能力。

（2）在此方面的教学安排和设计要根据各自学校的具体情况加以综合考虑，因地制宜，进行切合实际的教学。

（3）若本学校目前还没有此方面的条件，要及时向校领导反映，争取学校的支持，改善条件。同时，应充分发挥教研组的智慧和能力，根据现有的资源和条件，创造性地开发、建设可行性设施进行教学，前提条件是所有设施必须安全。

第六节　跨越式跳高

一、教学目标

（1）通过跨越式跳高教学，使学生达到掌握跨越式跳高的技术和技能。

（2）发展学生的协调性、弹跳素质和腿部爆发力。

（3）增强学生克服障碍的能力和提高学生的心理素质。

二、技术动作要点和重点、难点

（一）技术动作要点

（1）开始姿势：分从静止开始助跑和行进间开始助跑两种。

（2）助跑加速方式：有积极加速和逐渐加速两种。技术要求“快”为助跑快和起跳快，“准”为准确踏上起跳点，“稳”为跑的姿势、跑的技术、跑的距离和加速方式稳定，“高”为重心较高。助跑从摆动腿一侧直线或略带弧线助跑，角度在30°～60°，助跑8步左右距离，速度逐渐增大，倒数第二步步幅最大，最后一步稍小。

（3）起跳：用远离横杆的腿起跳，脚助跑到最后一步起跳，腿以大腿带动小腿迅速向前伸出，脚跟先着地迅速过渡到全脚掌，在摆动腿用力蹬伸和助跑水平速度的推动下，身体重心迅速前移，上体及时跟上，起跳腿屈膝缓冲，当身体重心移至起跳点的上方时，起跳腿迅速蹬伸，髋、膝、踝三关节充分蹬直成一直线。同时，摆动腿膝关节微屈，以大腿发力带动小腿积极有力向前上方摆起，两臂积极配合向体前摆动，使身体向上腾起。

（4）腾空过杆与落地：腾空后腿积极上摆，当脚跟越过横杆高度时，向横杆一方侧摆，使摆动腿的脚、小腿、大腿依次过杆。与此同时，起跳腿积极向上抬起，膝盖靠近胸部，小腿自然上摆与横杆平行，接着上体抬起，摆动腿同侧臂随摆动腿内转下压带动身体沿纵轴向内旋转，使上体和臀部顺利过杆，起跳腿随着摆动腿的下压而抬高并绕过横杆，过杆后用摆动腿领先落地。

（二）技术动作重点、难点

（1）重点：起跳技术。

（2）难点：过杆时身体沿纵轴向内旋转。

三、教与学的方法

（1）原地摆动腿练习。

（2）双脚前后站立，重心在后，做后腿蹬地重心前移后的原地摆腿练习。

（3）原地摆腿触适当高度的标志物练习。

（4）上步摆腿头顶标志物练习。

（5）上2～3步起跳摆腿触标志物练习。

（6）上1步起跳摆腿做与起跳腿的剪交技术练习。

（7）上1步起跳做摆腿和起跳腿剪交的同时，上体做前倾内旋技术练习。

（8）上2～3步起跳做摆腿和起跳腿剪交同时，上体做前倾技术练习。

（9）上2～3步跳起做摆腿和起跳腿剪交同时，上体前倾过低杆或横拉的橡皮筋。

（10）做直线助跑技术练习。

（11）逐渐增加助跑步数和速度，跳起做摆腿和起跳腿剪交同时上体前倾过杆技术练习。

四、易犯错误与纠正方法

（一）助跑易犯错误与纠正方法

易犯错误一：成大弧线助跑。

纠正方法：①练习者沿跑道分道线做有弹性的加速跑练习。②练习者按照画的直线或小弧线进行有弹性的助跑练习。

易犯错误二：助跑前快后慢。

纠正方法：①练习者做连续3～5步加速跑起跳练习。②练习者沿设置的助跑路线做加速跑无横杆的起跳练习。③练习者做助跑在可控起跳速度情况下跳过橡皮筋练习。

易犯错误三：起跳前身体重心较低。

纠正方法：①练习者做弹性助跑练习。②练习者做高重心跑练习。③练习者做高重心半高抬腿跑接起跳练习。

（二）起跳易犯错误与纠正方法

易犯错误一：蹬摆不协调。

纠正方法：①练习者上一步做摆腿、摆臂配合练习。②练习者上一步起跳后做两腿交叉协调摆动练习。③练习者助跑2～3步后做蹬摆配合过低位横拉的橡皮筋练习。④练习者做各种协调性练习。

易犯错误二：蹬伸不充分。

纠正方法：①练习者助跑2～3步后做起跳头顶高物练习。②练习者助跑2～3步后做摆腿触悬挂物体练习。③练习者做助跑起跳快摆动腿练习。④练习者做各种发展腿部力量的跳跃练习。

易犯错误三：摆腿无力，摆动方向错误。

纠正方法：①练习者原地侧向站立起跳腿支撑，做手扶固定物的摆动腿反复摆动练习。②练习者做行进间正摆腿练习。③练习者做各种加快蹬伸和摆腿速度的练习。④练习者做助跑起跳的主动快摆练习。

（三）腾空与落地易犯错误与纠正方法

易犯错误一：摆腿低。

纠正方法：①练习者做各种柔韧性的练习。②练习者做原地两腿交替摆腿触高物练习。③练习者做行进间两腿交替的正摆腿练习。④练习者做负橡皮带（橡皮带另一端固定）的摆腿练习。⑤练习者做发展腿部力量的练习（主要是髂腰肌力量）。

易犯错误二：过杆时身体过直。

纠正方法：①练习者上一步起跳蹬伸，摆动腿摆动后的上体快速前倾做技术动作练习。②练习者上2～3步起跳蹬摆后，上体快速前倾的同时，身体稍内旋落座在海绵包上做技术练习。③练习者助跑3～5步起跳后，上体前倾同时稍内旋越过低橡皮筋落入沙坑做技术练习。④练习者做练习③，做越过横杆技术练习。

易犯错误三：臀部过杆慢。

纠正方法：①练习者做起跳后接近最高点时（上升阶段）加快身体前倾内旋和两腿

的剪交摆动速度练习。②练习者做各种发展起跳速度的练习。

易犯错误四：落地支撑缓冲差。

纠正方法：①练习者练习各种轻跳跃后，做前脚掌先着地的缓冲技术练习。②练习者做各种轻跳跃后，做前脚掌先着地同时适当屈膝配合的缓冲技术练习。

五、教学要求与教学建议

（一）教学要求

（1）跨越式跳高最好在沙坑里进行，沙坑要松软、平整、无石块等危及安全的物品，助跑道要平整。

（2）跨越式跳高技术比较简单，动作不复杂，教学目标是通过教学发展学生的弹跳力、柔韧性、协调性等身体素质，要求在教学中加强安全教育，特别是落地的安全。

（3）在教学中要注重发展学生的柔韧性和协调性。

（二）教学建议

（1）在进行跨越式跳高教学中，要多加强助跑与起跳技术衔接练习。

（2）在练习过杆技术时，要较多地进行模仿过杆及跳过橡皮筋等降低难度的技术练习，以增强蹬摆、下肢与上体的配合，以利于动作技术的形成和掌握。

第七节　背越式跳高

一、教学目标

（1）通过背越式跳高教学，使学生掌握背越式跳高技术和技能。

（2）发展学生弹跳素质、协调性和腿部爆发力。

（3）增强学生克服障碍的能力和提高学生的心理素质。

二、技术动作要点和重点、难点

（一）技术动作要点

1.助跑

助跑距离一般8步（前4步直线，后4步弧线），助跑可分为预先助跑和助跑两个阶段。

（1）预先助跑有三种方式：走几步踏上第一标志线开始，走几步加一个小跳步踏上第一标志线开始，慢跑几步踏上标志线开始。

（2）助跑分为直线助跑和弧线助跑两部分。

①直线助跑：踏上第一标志，采用加速跑的技术，蹬地积极有力，富有弹性，动作幅度逐渐加大，上体保持“向上提起”的感觉，身体重心波动小。②弧线助跑：技术与弯道跑类似，身体重心较高，尽量提高外侧肢体的高度，速度越来越快，倒数第二步身

体内倾最大，重心最低。

2.过渡（转换）阶段

过渡（转换）阶段是倒数第二步摆动腿着地至最后一步起跳脚着地瞬间的这一阶段。倒数第二步摆动腿着地支撑较强，膝关节弯曲度小，后蹬角度大，起跳腿积极前送，脚离地较低，向起跳点方向插送，此过程中双臂大幅度后摆。

3.起跳

（1）放脚。起跳腿以髋带动大腿，以大腿带动小腿向前插出，脚跟外侧先着地并迅速滚动到全脚掌。摆侧肩领先并高于跳侧肩，沿弧线的切线方向放脚。

（2）缓冲。起跳腿着地瞬间弯曲缓冲，摆动腿弯曲较大，摆至支撑腿一侧，身体重心基本在支撑点上面稍偏内。

（3）起跳。起跳腿快速蹬伸髋、膝、踝三关节，摆动腿折叠沿着横杆垂直面上方快速摆动，蹬伸、摆腿、摆臂协调。同时，外侧臂摆臂方向与摆腿方向一致，摆动中逐渐外旋，到达适当高度突停，摆臂一般为交叉单臂摆动或双臂摆动。

4.过杆

起跳结束身体向前上方腾起，当头部超过横杆，双肩放松，头部积极后仰，两臂开始由肩上逐渐放至体侧，摆动腿大腿下放，小腿自然放松，髋部上顶形成“桥”姿。

5.落地

当臀部过杆后，大腿上抬，小腿上伸，低头含胸，屈髋伸膝，肩背先着垫，顺势缓冲。

（二）技术动作重点、难点

（1）重点：起跳技术。

（2）难点：起跳时保持身体重心内倾及身体重心能否经过起跳点的上方。

三、教与学的方法

（1）双人辅助“下桥”。

（2）双人互助背拉。

（3）扶肋木“下桥”。

（4）挺髋下腰手触足。

（5）跑圆。

（6）原地摆臂。

（7）原地摆臂起跳。

（8）上步摆臂。

（9）上两步起跳摆臂。

（10）上三步摆臂。

（11）慢助跑起跳配合摆臂。

（12）在圆弧上做连续的三步助跑起跳摆臂。

（13）双人相互辅助后肩背触垫做背弓。

（14）原地跳起背弓落至海绵垫练习。

（15）三步助跑（弧线）起跳（身体内倾）。

（16）中程助跑起跳。

（17）三步助跑起跳过低杆。

（18）五步助跑起跳过低杆。

（19）直线衔接弧线助跑。

（20）直线衔接弧线助跑起跳。

（21）直线衔接弧线助跑起跳过中杆。

（22）改进技术，逐渐提升横杆，完整技术练习。

四、易犯错误与纠正方法

（一）助跑易犯错误与纠正方法

易犯错误一：助跑弹性差，全脚掌助跑。

纠正方法：①练习者用前脚掌做弹性跑练习。②练习者做单腿跳练习。③练习者做用前脚掌小幅度跳跃的练习。④练习者做弧线前脚掌弹性跑练习。⑤练习者做全程前脚掌弹性助跑练习。

易犯错误二：弧线助跑两脚内侧不在一条弧线上，内倾不自然。

纠正方法：①练习者两腿相互靠近做跑的练习。②练习者沿着以5～10米为半径的圆圈跑做练习（两脚在线上）。③练习者沿着弧线做变速跑。

易犯错误三：弧线助跑末段跑折线。

纠正方法：①练习者保持内倾弧线跑做练习。②练习者保持身体内倾，弧线跑最后一步做起跳练习（两脚在一弧线上）。③练习者练习②后接起跳脚插脚起跳练习。

易犯错误四：最后一步放脚，起跳脚在弧线内侧。

纠正方法：①练习者保持身体内倾，做上一步插脚起跳技术练习。②练习者做3～5步弧线助跑，保持身体内倾做插脚起跳练习。

（二）起跳易犯错误与纠正方法

易犯错误一：起跳放脚方向错误，身体内倾小。

纠正方法：①练习者做身体内倾跑弧线练习。②练习者保持身体内倾弧线助跑，做沿弧线外侧放起跳脚技术练习。③练习者保持身体内倾，助跑放起跳脚做练习。④练习者做好起跳点和放脚方向标记，按标志进行助跑插放起跳脚练习。

易犯错误二：起跳腿屈髋放脚起跳。

纠正方法：①练习者原地做伸髋、伸膝放脚练习。②练习者身体内倾，上一步做伸腿送髋放起跳脚技术练习。③练习者助跑3～5步后做练习②。

易犯错误三：放脚起跳步幅小，后蹬无力冲杆。

纠正方法：①练习者原地两腿前后开立，大幅度前移重心，身体内倾（可以做步幅标志），上一步放起跳脚（脚跟先着地滚动），做后腿跪膝蹬送髋关节技术练习。②练习者身体内倾跑一步后做练习①。③练习者助跑3～5步后做练习①。

易犯错误四：起跳身体重心没有经过起跳点上方，倒肩起跳。

纠正方法：①练习者在弧线上做助跑练习。②练习者在弧线上助跑，做插脚起跳时保持内倾且肩轴的延长线通过弧线圆心的起跳练习。③练习者做练习②起跳后头顶高物练习。

易犯错误五：起跳摆腿、摆臂方向错误。

纠正方法：①练习者做背越式跳高原地摆臂练习。②练习者做上步插脚的摆腿、摆臂练习。③练习者在助跑弧线上走一步后放脚起跳，做沿横杆方向的向前上方的摆腿、摆臂练习。④练习者弧线助跑2～3步后起跳，做摆腿、摆臂练习。⑤练习者做练习④的头顶高物练习。

（三）过杆易犯错误与纠正方法

易犯错误一：起跳过杆时，不放摆动腿，不挺髋。

纠正方法：①一人辅助、保护，另一人做“下桥”动作练习。②练习者原地站立，两脚开立与肩宽，背对海绵包，距离20厘米左右向后做倒肩背弓练习。③练习者原地站立，两脚开立与肩宽，背对海绵包跳起做背弓落至海绵包练习。④练习者扶肋木，起跳腿支撑，摆动腿前举，做下放摆动腿展髋动作练习。⑤练习者做助跑起跳快速下放摆动腿技术练习。⑥练习者做助跑起跳快速下放摆动腿展髋技术练习。⑦练习者做助跑起跳过低杆（或橡皮筋），摆动腿下放后分腿挺髋技术练习。

易犯错误二：起跳过杆手臂放置过低，手或臂碰杆。

纠正方法：①教师讲解错误原因。②练习者做原地摆臂、摆腿，起跳腿蹬伸后快速下放双臂于体侧技术练习。③练习者助跑2～3步后起跳摆臂、摆腿后，做快速下放摆动腿展髋，同时做摆动臂放于身体两侧的技术练习。

易犯错误三：过杆含胸，背弓不充分。

纠正方法：①双人相互辅助交换做“下桥”练习，一人保护，一人练习，练习者做稍抬头的技术练习。②练习者背对鞍马，仰卧在鞍马上，做背弓稍抬头的动作技术练习。③练习者背对海绵包站立，两腿左右分立与肩宽，稍抬头挺髋后，做肩部或背部触海绵包的技术练习。④练习者背对海绵包站立，两腿左右分立与肩宽，跳起背弓并稍抬头挺胸，即将落在海绵包上时做稍低头动作技术练习（注意一定不能用头先着海绵包）。

易犯错误四：过杆身体旋转幅度过大，侧身过杆。

纠正方法：①练习者原地扶肋木起跳腿支撑，摆动腿屈膝向前上方摆举，做下放摆动腿的同时，摆动腿膝关节稍外展，做屈膝挺髋动作练习。②练习者背对海绵包，两腿左右开立与肩宽，屈膝时双臂放置身体后，双腿蹬伸的同时双臂经体前屈臂向后上摆跳起，然后双腿屈膝后展，做膝关节稍外展的挺髋背弓（身体向上伸展后做背弓），落至海绵包的动作练习。

易犯错误五：过杆时小腿过于放松，收举不及时碰杆。

纠正方法：①练习者原地跳起背弓收举腿落至海绵包练习。②练习者上2～3步助跑起跳后展髋，做小腿保持适度紧张的过杆技术练习。